Die radikale, sensible Kürze, mit der hier ein Leben erzählt wird, erklärt sich aus der Beschränkung auf die prägenden Erlebnisse: Widerstand, Liebe, Streit, Angst, Schmerz, der Traum von einer anderen Gesellschaft.

So ist auch der Grund, warum dieses schmale Buch in Italien innerhalb weniger Monate über fünfzigtausend Leser gefunden hat, nicht der, daß sein Autor, einer der angesehensten politischen Köpfe des Landes, seine ungewöhnliche Lebensgeschichte als Enthüllungsgeschichte mitteilt.

Im Gegenteil. Pintor erzählt sie nur in Bildern, Ereignissen und Erfahrungen, ganz ohne Namen, Orte, Daten. Er erzählt sie, um herauszufinden, wie eigen eine Lebensgeschichte überhaupt sein kann. Was an ihr ist eigen, was von der Zeit bestimmt? Eben das interessierte die Leser: einem Mann zuzuhören, der seine höchst seltsame Lebenskurve gelassen als eine eher fremdbestimmte erzählt.

Literarisch stehen Pintors Erinnerungen mit ihrer Absicht der lakonischen Verallgemeinerung in einer italienischen Tradition von Leopardi bis Celati, inhaltlich sind sie ein bewegendes Beispiel der italienischen politischen Kultur.

»Pintor ist ein Meister der epigrammatischen Konzentration; er erreicht mit einem minimalen Aufwand maximale Wirkungen. Was Pintor von den meisten Memoirenschreibern unterscheidet, ist nicht nur die Skepsis gegenüber dem Erzählstoff des Lebens, der vom Chaos des Zufalls regiert wird, sondern auch die kritische Nüchternheit gegenüber Ideologien, die eine bessere Zukunft versprechen.«

Alice Vollenweider, Neue Zürcher Zeitung

Luigi Pintor

Servabo

Erinnerung am Ende des Jahrhunderts

Verlag Klaus Wagenbach Berlin

Aus dem Italienischen von
Petra Kaiser und Michael Becker

Am nützlichsten sind jene Bücher,
bei denen die Leser die halbe Arbeit leisten:
sie ergründen die ihnen in nuce
vorgelegten Gedanken, korrigieren,
was ihnen mangelhaft erscheint,
und verstärken das, was sie durch
eigene Überlegungen für schwach halten.

VOLTAIRE

PROLOG

In seiner Botschaft aus dem Reich der Toten, die ich lieber nie erhalten hätte, erzählt mein Bruder, wie der Krieg seine Wahrnehmung der Welt von Grund auf veränderte und über sein Leben entschied. Ohne den Krieg wäre er Schriftsteller geblieben, Reisen und Freundschaften, eine plötzliche Eingebung oder die Begegnung mit einer jungen Frau hätten ihm mehr bedeutet als jede Partei oder Doktrin. Er hätte weiter an die Bedeutung der individuellen Erfahrung, an die Einzigartigkeit jeder Lebensgeschichte geglaubt, und es wäre ihm nicht in den Sinn gekommen, das ihm Zugefallene einem kollektiven Glauben zu opfern.

Er war zwanzig, aber er hatte sich sein Leben bereits vollkommen eingerichtet, und man konnte sich seine Zukunft genau vorstellen. Die Manuskripte in seiner kleinen Handschrift füllen zwei Kisten, und ich weiß nicht, wie er in so kurzer Zeit so viel hatte schreiben können. Dann mischte sich der Krieg ein, zerstörte diese Ordnung und trieb ihn zu einer Verzweiflungstat.

Als er jene Botschaft schrieb, spürte er bereits die Nähe des Todes, der ihn drei Tage später erreichte, und als ich den Brief las, bestürzte er mich nicht, weil er zur Revolution aufrief, sondern weil mit ihm eine Jugend verschwand. Ich kenne niemanden, der sich selbst mit der gleichen Eile geplant und zerstört hätte.

Ich fürchte, daß er sich irrte, als er dem eigenen Tod die Schärfe zu nehmen suchte mit dem Argument, niemand sei unersetzlich. (Heute bin ich vierzig Jahre älter und kann ihm widersprechen, jetzt ist er der jüngere Bruder.) Wäre er am Leben geblieben, wäre er in die gleichen Konflikte geraten wie wir, aber er hätte vielleicht bessere Lösungen finden können.

Ich hingegen kann nicht sagen, wie ich mich entwickelt hätte und was aus mir geworden wäre, wenn der Krieg nicht gewesen wäre. Als kleiner Junge hatte ich weder eine besondere Begabung noch eine rasche Auffassungsgabe, beim Fahrradfahren oder Fußballspielen auf der Straße fühlte ich mich entschieden wohler als beim kleinen Einmaleins auf der Schulbank. Wie mein Lebensweg sonst verlaufen wäre, darüber kann ich nur phantasieren wie jemand, der sich vorstellt, er sei in einem anderen Jahrhundert wiedergeboren und besteige ein Segelschiff.

Vielleicht hätte ich mich mit Musik beschäftigt, dem Wunsch meines Vaters entsprechend, der zu Unrecht annahm, daß ich sein Temperament geerbt hätte, und mir Fähigkeiten unterstellte, die ich nicht besaß (denn schließlich ist die Musik eine hohe, nicht leicht zugängliche Kunst). Oder ich hätte mich mit dem Kino befaßt, diesem magischen und berauschenden Abenteuer unserer Kindheit. Ich stelle mir gern vor, daß ich mich für die Welt der Phantasie und gegen die Realität entschieden hätte, und daß ohne den Krieg die Politik auch für mich eine nur zweitrangige Angelegenheit geblieben wäre.

Doch ich war vierzehn, als der Krieg begann, und zwanzig, als er zu Ende war; wie ein Abziehbild deckte er sich vollkommen mit meiner Jugendzeit. Gewiß, er hat mich verschont, und ich kann nicht einmal behaupten, in ihm gekämpft zu haben, es sei denn am Rand. Aber in diesen wenigen Jahren habe ich durch die sich überstürzenden Ereignisse eine Welt in Stücke zerfallen sehen, die mir von Kindesbeinen an vertraut und noch in mir lebendig war.

Viele Menschen jeden Alters haben den Krieg erlebt und sind durch ihn gezeichnet worden (ich spreche natürlich von den Überlebenden). Aber sie entrücken ihn in eine andere Zeit, machen aus ihm ein fast unwirkliches Erlebnis, das rein gar nichts mit dem gewöhnlichen Leben zu tun hat. Für mich ist das anders: Diese Erlebnisse haben über mein ganzes Leben entschieden, über meine ganze Art zu denken und mich zu verhalten.

Ohne den Krieg hätte mich mein Charakter sicherlich vom öffentlichen Leben ferngehalten. Ich wollte nie König oder Papst werden, das kindliche Bedürfnis, der Erste zu sein und die anderen zu beherrschen, das bei Erwachsenen oft hemmungslos die politischen Ambitionen nährt, war mir fremd. Aus Oppositionsgeist war ich für die Verlierer, schlug mich entschlossen auf die Seite der Rothäute und Äthiopier gegen die Sippschaft der Eroberer und Beutemacher; und wenn die Armen des Viertels freitags an unsere Tür kamen und um Almosen bettelten, wurde ich immer ganz traurig. Aber ich bezweifele, daß man von dieser edlen Gesinnung auf eine revolutionäre Neigung schließen kann.

Ohne den Krieg wäre auch mein Privatleben anders verlaufen, einige Verpflichtungen und Mißverständnisse wären mir erspart geblieben. Ich glaube zum Beispiel, daß ich mich nicht so vorschnell auf die Abenteuer der Vaterschaft eingelassen hätte, wenn ich nicht nach einer Wiedergutmachung oder einem Ausgleich gesucht hätte, von dem Wunsch beseelt, die vom Krieg verwüstete Gefühlswelt durch ein Wunder wiederzuerwecken. Wahrscheinlich wäre ich unbeschwerter durchs Leben gegangen und hätte mehr Nachsicht gezeigt für jene Sehnsucht nach Lebensfreude, die in uns allen steckt.

Es wäre engstirnig, wenn ich alles, was mir an Gutem und Schlechtem zugestoßen ist, auf rein äußerliche Faktoren zurückführen würde. Wahrscheinlich war ich aufgrund eines Charakterfehlers oder einer angeborenen Schwäche von Beginn an eher als andere dazu bereit, die Erbschaft des Krieges auf mich zu nehmen. Als ich noch sehr klein war, hat mich ein geheimnisvolles lateinisches Wort, das unter dem Portrait eines Vorfahren stand, nachhaltig beeindruckt: servabo. Es kann soviel bedeuten wie ›ich werde bewahren, ich werde in Erinnerung behalten, ich werde die Treue halten‹, oder auch ›ich werde dienen und nützlich sein‹. Aber Bewahren und Dienen gelten heute als unangemessen, weil sie Unterordnung, Verpflichtung und Einschränkung mit sich bringen. Wenn also mein Denken und Fühlen immer noch vom Krieg und anderen Widrigkeiten beherrscht wird, so könnte es durchaus sein, daß die Schuld allein bei diesem Vorfahren und seiner rätselhaften Maxime liegt.

DIE INSEL

Die freundliche und fürsorgliche Atmosphäre in unserer Familie, die keine bösen Überraschungen befürchten ließ, hat mich schlecht vorbereitet. In meinem Herzen war ich unruhig, empfänglich für die Verwirrungen jenes Alters, und ich träumte immer wieder von einer alten Frau, die mich unter den gleichgültigen Blicken der Passanten in einen Sack steckte. Trotzdem hatte ich allen Grund zu glauben, daß meine Jugend genauso glücklich verlaufen würde wie meine Kindheit. Das Donnergrollen, das man in der Ferne hörte, ging mich nichts an, für mich gab es noch keinen Unterschied zwischen dem Sturmangriff der Sechshundert auf der Kinoleinwand und dem Zusammenstoß zwischen polnischen Kavalleristen und deutschen Panzern in einer Illustrierten.

Damals wohnten wir auf der abgelegenen Insel der Sarden, zu einer Zeit, als die Reise von und zum Kontinent noch ein richtiges Unternehmen war. Es war, als müßte das Dampfschiff einen Ozean überqueren, und die seltenen Wasserflugzeuge beflügelten eher die Phantasie. Vom Balkon unseres Hauses sah ich mit Staunen, wie sie von den Lagunen in die Luft stiegen oder beim Aufsetzen eine schäumende Spur hinterließen wie auf den Inseln der Südsee, die ich im Kino oder in Abenteuergeschichten entdeckt hatte.

Einschränkungen kannte ich nicht, die Stadt war für uns ein einziger Spielplatz. Das alte, an den Fels geschmiegte Viertel, die Befestigungsanlagen, die Türme und die Gassen, die sich wie Bäche zum Hafen hinunter schlängeln, schenkten uns eine grenzenlose Bewegungsfreiheit. Das war ein außerordentliches Glück, dem ich angesichts der Gefängnisse der Moderne noch heute nachtrauere.

Gleich außerhalb dieses Zirkels befanden wir uns schon auf dem Land, unsere Fahrräder brachten uns schnell über staubige Straßen zu den ausgedehnten weißen Salzgärten, an breite, windige Strände, zu denen wir im Sommer in Scharen mit einer Kleinbahn fuhren, die aussah wie die Züge im Wilden Westen. Die aufregende Badesaison begann mit dem letzten Schultag und endete mit den ersten Herbststürmen. Ich habe einmal ausgerechnet, daß ich an diesen afrikanischen Stränden mindestens tausend Tage in größter Ausgelassenheit verbracht habe, ›zu Land und zu Wasser wie Strandtiere‹, mit einem nur vom Stand der Sonne bestimmten Tageslauf. Stärker noch als die Erinnerung hat der Körper diese Stunden gespeichert, wie ein Bündel unwandelbarer Empfindungen, die ein bestimmtes Morgenlicht oder ein plötzlicher Windstoß überraschend wieder aufleben lassen.

Mein Bruder zeigte mir Spiele, die mir die Geheimnisse der Phantasie und des gezielten Handelns enthüllten, aus seinen nächtlichen

Erzählungen erfuhr ich von den Heldentaten der Paladine, von den Listen der Griechen, von den Kaperfahrten des schwarzen Korsaren und den unentwirrbaren Handlungen der Opern. Von den ärmsten Jungen des Viertels, die barfuß mit Bällen aus Lumpen spielten und mit Kieseln jedes Ziel trafen, lernte ich die Geschicklichkeit und übernahm ihren Hang zur Anarchie. Ich war stets bereit, allen Verlockungen nachzugeben, und im Dunkel der drei Kinosäle, die ich bis in den letzten Winkel kannte, durchlebte ich damals Gefühle, die denen der großen Stadien und kleinen Bildschirme der Zukunft nicht gleichkommen konnten.

Keine Vorahnung drohenden Unheils lastete auf der vertrauten Umgebung und dem häuslichen Frieden. Unser Haus war seltsam, und doch liebte ich es sehr; hoch und einsam über der Stadt krallte es sich wie zufällig zwischen Felsen und Kapernsträuchern ans Gestein. Sein Garten hing in der Luft, und über die Vorstadtdächer hinweg sah man auf den vom Halbrund der Hügel eingefaßten Spiegel des Meeres und die Salzseen. Zu jeder Tageszeit drang die Sonne durch die Ritzen der Fensterläden und tauchte die Fußböden in rotes Licht, und der Wind rüttelte wütend an den Türen, heulte durch die Korridore.

Einfach und herzlich verlief das Familienleben. Im Winter wärmten wir uns an einem einzigen Kohleofen, badeten in einer Zinkwanne mit heißem Wasser aus Töpfen und nur einer einzigen Flamme gegen die Kälte, aßen Unmengen geröstetes Brot und hatten ein großes, kahles Zimmer ganz für uns allein, wo wir tun und lassen konnten, was wir mochten. Unsere Eltern widmeten sich anderen Dingen und sorgten so für ihre und unsere Ungestörtheit.

Abends hockte mein Vater auf einem unbequemen Korbsessel, kurbelte an einem Ungetüm von Radio und hörte Musik aus der ganzen Welt, während meine Mutter an einem Tisch daneben Klassenarbeiten korrigierte oder ihre zahllosen Briefe schrieb. Unser Haus war voll von Klängen, die im Sommer durch die weit geöffneten Fenster nach draußen drangen und im Winter von den beschlagenen Scheiben widerhallten, und während ich ihnen zuhörte, schlief ich ein.

Es kann sein, daß meine Eltern gar nicht so gelassen waren, vielleicht trauerten sie ihrer Jugend nach, die sie in der großen Stadt verbracht hatten, und sorgten sich um die Zukunft, mir aber waren solche Sorgen fremd. Hin und wieder kopierten sie abends wie rasend irgendwelche Geschäftsbriefe, aber über Geld zu reden, war bei uns zu Hause streng verboten. Als ich es doch einmal versuchte, bekam ich eine der wenigen Ohrfeigen meines Lebens.

Ich konnte mir nicht vorstellen, daß ein derart friedliches Zuhause wie durch einen Zauber vom Erdboden verschluckt werden könnte. An seiner Stelle befindet sich heute ein steinerner Stützpfeiler, an dem eine Gedenktafel für meinen Bruder angebracht ist, der dort zwischen nun unsichtbaren Mauern aufgewachsen ist. Wenn jemand um die Ecke biegt und zerstreut die Inschrift liest, so wird ihm vielleicht ein Garibaldiner, ein Schützengraben im Karst oder der Bürgerkrieg einfallen. Und er hat recht, die Unterschiede sind unerheblich.

DIE STADT

Es war ein historischer Tag im Juni. Italien trat mit viel Getöse in den Krieg ein, ich schaffte wie durch ein Wunder die mittlere Reife, und unsere Familie flüchtete für immer von der glücklichen Insel. Mein Vater war zu der Überzeugung gelangt, daß wir von allen Seiten bombardiert, daß die Insel besetzt und wir von der Welt abgeschnitten würden. Er war schrecklich aufgeregt und gab nicht eher Ruhe, bis er meine Mutter, meine Schwestern und mich an Deck der Fähre stehen sah.

Feierlich nahm ich Abschied, auch wenn ich nicht im entferntesten an eine endgültige Trennung glaubte. Ich verabschiedete mich von den Stränden, wo an jenem Tag ein wütender Wind tobte, die Wellen die bunten Badekabinen aus Holz überfluteten und auf dem Sand große schaumbedeckte Pfützen hinterließen. Weinend umarmte ich Tanten und Cousinen, die mich großherzig aufgezogen hatten und die mit dem Perlmuttrosenkranz in der Hand auch weiterhin für mich beten würden. Ich verabschiedete mich von meinem Italienischlehrer, der mich ins Herz geschlossen und dem ich das Abgangszeugnis zu verdanken hatte. Und unter dem Mandelbaum im Garten, dem vertrauten Gefährten vieler Spiele, vergrub ich eine Schatzkiste, die ich nie mehr wiederfinden sollte.

Als das Schiff den Hafen verließ, blickte ich jedoch mit dem für dieses Alter typischen Undank zurück und sah, wie die Fassade unseres Hauses und die vertraute Landschaft immer kleiner wurden. Nach und nach verschwanden auch die Alleen, auf denen wir Fahrrad fuhren, die Plätze, auf denen wir Fußball spielten, und die Festungsmauern mit ihren Erinnerungen an die ersten Stelldicheins. Diese Reise war für mich vielversprechend, und so war ich eher freudig erregt als verstört.

Auf mich wartete die Hauptstadt: die Straßen, die prächtigen Kuppeln, die sich gegen den Himmel abhoben, die Parkanlagen und prunkvollen Brunnen, die mich schon während mancher kurzen Ferien begeistert hatten, die Geräusche und Gerüche der Moderne, die Ringlinien der Straßenbahn, Aufzüge und Telefone mit vielstelligen Nummern, 102 Kinos, die mein Bruder für mich gezählt hatte, neue Freundschaften und Liebschaften, die weniger imaginär sein würden als meine Beziehungen zu den Mädchen, die ich auf der Insel zurückließ. Außerdem erwartete mich eine Ausbildung, die eher zur kultivierten Welt meiner Onkel väterlicherseits paßte. In ihrem gastlichen Haus, das nach Büchern und Wachs roch, sollte ich viel Neues kennenlernen und einen anderen Umgang mit Menschen entdecken.

Dieses strahlende Bild verfinsterte sich schlagartig wie der Himmel vor dem Sturm. Nicht der

Krieg, der sich in der Stadt lediglich durch das Geheul der Luftschutzsirenen bemerkbar machte, brachte die Familie aus dem Gleichgewicht, sondern zwei Todesfälle, die sie kurz hintereinander heimsuchten. Es war, als ob auf unserer Übersiedlung ein böser Zauber gelegen und feindlichen Kräften Tür und Tor geöffnet hätte.

Ein Unwohlsein, dessen Ursache niemand verstand, führte zum Tod meines Vaters, der in den letzten Tagen vollkommen deprimiert war, weil er das Rentenalter nicht mehr erreichen würde. Kurz vorher war einer seiner Brüder, der strenge Onkel General, unter mysteriösen Umständen mit einem Militärflugzeug abgestürzt. Die Feierlichkeit seines Begräbnisses machte mich ganz benommen: Hinter dem leeren Sarg spielten Militärkapellen Trauermärsche, dazwischen aufgesessene Kavallerie, Panzer und Fahnenträger aller Waffengattungen. Und es schien mir furchtbar ungerecht, daß es bei der Beerdigung meines Vaters keine Musik geben sollte.

Mein Gymnasiallehrer war sehr verständnisvoll und sagte, daß es sehr traurig sei, mit fünfzehn den Vater zu verlieren, und viel gefährlicher, als man gemeinhin annehme. Und mein Bruder, der für mich jetzt auch zum Vater wurde, warnte mich vor der Melancholie. Die Sicherheit und Ruhe, die er ausstrahlte, seine Abneigung gegen die Ausbrüche der romantischen Seele, die er in seinen Gedichten so gut auszudrücken verstand, waren eine Gewohnheit, mit der er sich selbst schützte.

Auch als Folge dieser Ereignisse nahm ich mit einer Hingabe, als sei eine Schuld zu begleichen, den Musikunterricht wieder auf, den man mich schon als Kind hatte beginnen lassen. Ich ging abends zu den Unterrichtsstunden, und auf dem Rückweg nahm ich die letzte Straßenbahn oder ging zu Fuß durch die stille Stadt. Gemeinsam stellten mein Lehrer und ich einen eisernen Fünfjahresplan auf, der die Klavier- und Kompositionsprüfungen auf meine Universitätsexamen abstimmte und der nicht einmal Platz ließ für allzu ernsthafte Liebschaften. Aber ich war hoffnungslos im Rückstand, und ich wußte, daß die schwarz-weiße Tastatur mir immer fremd bleiben würde. In mir und um mich herum, in meiner Seele und in meiner Umgebung spürte ich eine große Ungewißheit, lange bevor der Krieg in die Straßen einzog und alle Spuren der Vergangenheit hinwegfegte.

DER KRIEG

Als der Krieg die Stadt erreichte, wollte ich es immer noch nicht glauben. Von wenigen Schüssen und einigen verzweifelten Scharmützeln in den Vororten begleitet, schlich er sich heimlich in die Stadt und überraschte die wehrlosen und verängstigten Menschen. Als ich in jenen Tagen der größten Verwirrung meinen Bruder zu Ministerien und Kasernen begleitete und wir auch an einigen improvisierten Demonstrationen teilnahmen, mußte ich mitansehen, wie jeder Versuch scheiterte, eine bewaffnete Verteidigung zu organisieren. Gleichzeitig aber war die Illusion weit verbreitet, daß die Besetzung nur eine kurze Episode sein werde. Und als mein Bruder per Anhalter nach Süden fuhr, mit hochfliegenden Plänen für einen Aufstand, zweifelte ich nicht daran, daß wir uns nach einigen Wochen im Frieden wiedersehen würden.

Eine Zeitlang machte ich einige kleinere konspirative Aktionen, aber ich nahm das Ganze nicht besonders ernst. Um der Einberufung zu entgehen, verließ ich die Stadt und landete in einem Haus auf dem Land, wo ich meine Zeit mit Schachspielen verbrachte, und in einem Kloster, wo sich als Priester verkleidete Parteigrößen herumtrieben. Aber ich kehrte bald in die Stadt zurück, weil das Risiko gering war und ich es dem unwürdigen Versteckspiel vorzog. Auch während der Ausgangssperre wagte ich mich immer öfter auf die Straße und heftete kleine rote Fahnen an Bäume und Straßenlaternen. Unter diesen Fahnen wurden die deutschen Heere auf dem Schlachtfeld besiegt und die Hakenkreuzfahnen gedemütigt, von eben diesen Fahnen hing damals die Ehre der Welt ab. Ich werde nie verstehen, wie so viele, die diese historischen Ereignisse miterlebt haben, das Geschehene vergessen konnten und sogar soweit gingen, ihren Sinn ins Gegenteil zu verkehren.

Ich weiß selbst nicht genau, ob es eine bewußte Entscheidung oder der Zwang der Ereignisse waren, die mich eines Sonntagnachmittags dazu brachten, mitten auf der Straße auf unbekannte Personen zu schießen. Als junger Mann war ich nicht ängstlich, aber auch nicht besonders mutig, ich neigte nicht zu Gewalttätigkeiten und hatte noch nicht einmal mit einem Luftgewehr geschossen. Die Frage, wie ich dazu kam, eine solche Aktion auszuführen, habe ich im Laufe der Zeit immer wieder anders beantwortet, eine erschöpfende Antwort fand ich nie.

Ich war nicht allein, wir waren fünf Schulkameraden. Meine ganze Bewaffnung bestand aus einer Pistole und einer Handgranate, die ich in der Manteltasche bei mir trug und während des Konzertes, in das ich vorher ging, die ganze Zeit fest umklammert hielt. Vor dem Theater trafen wir zufällig auf zwei Soldaten und verfolgten sie lange, ohne etwas auszurichten, bis wir sie schließlich an einem Parkausgang rasch einholten und schossen. Meine Waffe war durch meine schwitzenden Hände ganz feucht geworden, so daß sie blockierte, was mich für einen Augenblick völlig verwirrte.

Ich rannte eilig davon und verlor dabei meinen Hut. Ich hatte vorher nie einen Hut getragen, er war so etwas wie eine kindische Verkleidung, und gänzlich unüberlegt ging ich zurück, um ihn wiederzuholen. Aus einer Straßenbahn waren inzwischen Leute ausgestiegen, die laut schrien und uns verfolgten, vielleicht weil das Ganze mehr nach einem Raubüberfall als nach einer militärischen Aktion aussah. Aber ich lief sehr schnell, die Handgranate in der Hand, unsere Verfolger fielen zurück, und wir entkamen durch Seitenstraßen.

Ich kann viele Erklärungen dafür geben, die einfachste ist, daß Krieg war. Andere, Jugendliche wie ich, kämpften schon seit geraumer Zeit in diesem unsichtbaren und deswegen besonders heimtückischen Krieg voller Fallen, der in das alltägliche Leben eindrang, in einer grauen Stadt, in der es nach meiner Erinnerung dauernd regnete.

In jenen Tagen wurden in den Steinbrüchen außerhalb der Stadt viele wehrlose Menschen umgebracht. Ich kann mit Sicherheit sagen, daß die deutschen Soldaten gehässig waren wie alle Besatzungstruppen, aber sie hatten noch eine zusätzliche Eigenschaft, sie fühlten sich aufgrund ihrer Rasse überlegen und hatten diesen angeborenen Hang zum Befehlen, der (jemand hat es so genannt) zur schlimmsten Lymphe des Menschen gehört. Wenn man es nicht selbst erlebt hat, ist es schwer begreiflich zu machen, aber die grauen

Uniformen, die Waffen im Anschlag, der rauhe Befehlston und die rohe Grausamkeit trieben die sanftesten Personen zur Revolte.

Ich wußte damals schon, daß mein Bruder tot war, die Nachricht hatte mich in jenen Tagen mit unglaublicher Gewalt getroffen, und auch dies mag zur Erklärung meines Verhaltens beitragen. Aber ich bezweifle es, denn ich erinnere mich nicht, ein Rachegefühl oder ein Bedürfnis nach Vergeltung verspürt zu haben; der Schlag, der mich getroffen hatte, war nicht so oberflächlich.

Wenn überhaupt, dann habe ich es aus Pflichtgefühl getan, bloßes Pflichtgefühl aber kann verhängnisvoll sein, wenn es nicht von einer langsam gewonnenen Überzeugung geleitet wird. Oder es waren einfach die Umstände, am Ende sind es immer die Umstände. Jedenfalls glaube ich zu wissen, daß mich kein Umstand je wieder dazu bringen wird, noch einmal ein beliebiges Ziel anzugreifen wie an jenem Nachmittag, selbst wenn ich noch einmal in jenem Alter wäre.

DIE MINE

Ich weiß nicht, warum mir die Person, die mich benachrichtigen sollte, nicht alles ohne viel Aufhebens in ihrer Wohnung erzählte, anstatt mich wie einen Verschwörer in das Kellergewölbe eines Adelspalastes zu bestellen, das mit Bettgestellen und Koffern verstellt war und als nächtlicher Unterschlupf diente. In dieser unwirklichen Umgebung, beim schwachen Schein einer Lampe, begann ein widersinniger Bericht.

Er erzählte von einer kleinen Gruppe, einer Dezembernacht, einem abgelegenen Dorf im Süden, einer Frontlinie, die überquert werden mußte, einem Feldweg längs eines Flusses, einem Minenfeld, das den Kundschaftern entgangen war, einem Schußwechsel, einer Explosion in der Dunkelheit. Beim ersten Licht der Dämmerung dann, neben einer kleinen Mauer im Weinberg, der hingestreckte Körper.

Es war eine törichte Folge von Wörtern, die nicht im geringsten zum Bild meines Bruders passen wollten. Wer ihn kannte wie ich, konnte sich nicht unversehens eingestehen, daß er derart verwundbar war, daß er in dieser unnatürlichen Haltung dalag an diesem Ort, wie in einem Roman, Tag und Nacht reglos unter einem winterlichen Himmel und unerreichbar für jedes Wort. Niemals, selbst nach vielen Jahren nicht, habe ich dieses derart unwahrscheinliche Bild innerlich angenommen.

Verworrene und verwirrte Gedanken kamen mir. Wenn es mir in jenen Septembertagen, als ich mit dem Fahrrad die antiken Römerstraßen abfuhr, gelungen wäre, ein Schlupfloch durch die Straßensperren zu finden, dann hätte ich ihm vielleicht erzählen können, daß die Stadt eingeschlossen war, und ihn dadurch von seinen Plänen abbringen können. Oder ich hätte selbst an dieser Aktion teilnehmen und ihm vorschlagen können, in einem Graben statt in einem Weinberg Dekkung zu suchen. Es waren seltsame Überlegungen, die viel mit unseren gemeinsamen Spielen zu tun hatten, mit den Wettfahrten auf dem Rad, den Blasrohrduellen im Garten, es waren hilflose Versuche, die Zeit zurückzudrehen.

Die Erzählung ging weiter und schilderte in allen Einzelheiten, daß die Engländer beteiligt waren, daß ein Lageplan existierte, den ein Überlebender gezeichnet hatte, daß da irgendwo noch ein Brief für mich war, daß von diesem Brief das Leben weiterer Personen abhing, die mit dem Fallschirm hinter der Front abgesprungen waren, und daß man deshalb die Nachricht geheimhalten müsse. Es war also bereits viel Zeit verstrichen, und man hatte mich in Unkenntnis gelassen; was war wohl inzwischen mit dem unbestatteten Körper geschehen?

Ich verließ den Keller kurz nach Tagesanbruch, auf den Straßen war es kälter als sonst, und mir begegnete keine Menschenseele. Zwar erinnere ich mich an eine ewig regnerische Stadt, aber an diesem Februarmorgen regnete es wirklich. Völlig durchnäßt kam ich nach Hause und hatte nur einen einzigen Gedanken: Wie kann ich es meiner Mutter sagen? Meine Mutter war eine besonnene Frau, aber dieser Tod war nach dem Tod unseres Vaters einfach zuviel.

In Friedenszeiten würde es später nicht leicht sein, jenes zerstörte Dorf, die Schlucht und den Weinberg zu erreichen, die man mir mit größter Genauigkeit beschrieben hatte. Niedergeschlagen und schweigsam begleitete mich mein alter Onkel auf der Reise, die mehrere Tage dauerte und uns durch trostlose Dörfer und durch eine Gegend führte, wo die hergebrachte Armut durch die jüngsten Verwüstungen noch vergrößert wurde. Wenn der Krieg sich zurückzieht, nehmen seine Spuren gespenstische Züge an: Wir sahen behelfsmäßige Friedhöfe und Orte, wo keine Mauer höher als ein Meter war. Als wir unser Ziel erreichten, fanden wir nicht nur den einen Grabhügel, den wir erwartet hatten, sondern mehr, Soldaten aus vielen Ländern, unglückselige Zivilisten.

Das Beerdigungsritual war mehr als ungewöhnlich. Ohne die Unterstützung eines Hilfstotengräbers wäre es uns völlig unmöglich gewesen, die Überreste dieser sonderbaren Person zu identifizieren, die im Rucksack Galoschen bei sich hatte, weil sie die Unannehmlichkeiten des schlechten Wetters nicht schätzte. Ein gewaltsamer, aber plötzlicher Tod, nach den zertrümmerten Wirbelknochen zu urteilen. Über das Grab gebeugt, kümmerte sich mein Onkel, diese weise und verständige Seele, um die Identifizierung.

Ich war so etwas nicht gewohnt und hätte vielleicht zulassen sollen, daß die Toten die Toten begraben, wie es die Botschaft aus dem Totenreich empfahl. Aber die Bauern des Ortes, die Frauen in Trauer und die barfüßigen Kinder erwiesen dem wiedergefundenen Toten die letzte Ehre und begleiteten mit Fahnen die Überführung in eine angemessenere Grabstätte. Unter diesen traurigen Umständen bestätigte sich für mich erneut, wie schon so oft während des Krieges, die Tugend des Volkes, die ein unzerstörbarer Mythos meiner Jugend bleiben wird.

DAS GEFÄNGNIS

An einem Abend im Mai, kurz bevor der Frieden kam, gelang es mir schließlich doch noch, ins Gefängnis zu kommen: Weil wir die Regeln konspirativen Verhaltens vernachlässigt hatten, wurden mein bester Freund und ich am Vorabend einer selbstmörderischen Aktion gefaßt, von der ich ein andermal erzählen werde. Nur die junge Frau, die bei unserem Unternehmen mitmachte, entging der Verhaftung, obwohl genauso unvorsichtig, zeigte sie mehr Geschick und floh mitten in der Nacht über die Dächer.

Ich war zu Hause geblieben, um nicht auf eine Focaccia aus weißem Mehl zu verzichten. Die Männer, die mich abholen wollten, glaubten einen Moment lang, sich geirrt zu haben. Die herrschaftliche Wohnung paßte nicht zu der Vorstellung, die sie sich von subversiven Elementen gemacht hatten. Dann aber nutzten sie die Gelegenheit, um die Taschenuhr meines Vaters und andere Dinge, die sie für wertvoll hielten, einzustecken. Sie gehörten zu einer Bande von Freischärlern, die mit Hilfe eines Denunzianten seit Monaten in der Stadt wütete, die gleiche Bande, die wir drei hatten zerschlagen wollen.

Sie brachten mich in ihr Hauptquartier, das in einer Familienpension mit Garten untergebracht war. Diese Pension, die von einem völlig verängstigten Neapolitaner geführt wurde, war überladen mit Spiegeln und Kristallüstern. Man hatte mir die Augen verbunden, und ich wußte nicht, wo ich hingeraten war, aber das Ganze sah aus wie eine Filmkulisse.

Ein junger Oberleutnant der Kavallerie, ein Italiener mit fremdartigem Namen, war der Bandenführer, der seine Rolle mit Genuß spielte. Ich mußte mich vor seinem Tisch auf einen Hocker setzen, etwa zehn Männer standen im Kreis um mich herum und prügelten in immer neuen Anläufen stundenlang mit ziemlicher Grausamkeit auf mich ein. In den Pausen machte sich der junge Oberleutnant Rühreier.

Sie verdächtigten mich, einen Anschlag auf ihr Versammlungslokal geplant zu haben, und versuchten immer verbissener, ein Geständnis zu erzwingen. Eine derartige Behandlung hatte ich nicht erwartet und war tief erschrocken. Aber in dem Alter kann man sowohl gut einstecken wie simulieren, und der Haß, der durch die erlittene Gewalt entsteht, ist eine sehr gute Hilfe. Zudem muß sie etwas an meiner äußeren Erscheinung und meiner sozialen Stellung verstört haben. Als sie mir schließlich damit drohten, mich bei einem inszenierten Fluchtversuch im Garten zu erschießen, begriff ich, daß sie dazu nicht in der Lage sein würden.

Schließlich sperrten sie mich zusammen mit einem alten, sehr mißtrauischen Maurer in ein kleines verdrecktes Klosett. Der Mann hatte geschwollene Beine und fluchte vor sich hin, ohne mich anzusprechen. Obwohl ich ebenso zugerichtet war wie er, war ich wahrscheinlich zu jung und zu wohlerzogen, um sein Vertrauen zu verdienen. Aber dann änderte er seine Meinung, und am zweiten Tag wurde er sehr freundlich und sprach mir Mut zu. Diese Erfahrung habe ich nicht vergessen, und noch bevor ich es später in Büchern las, begriff ich damals, daß die Arbeiter die Welt befreien würden, indem sie sich selbst befreien.

Ängstlich fragte ich mich, was meinem Freund zugestoßen sein könnte. Als ich ihn in einer anderen Zelle, einem Kohlenkeller, wiedersah, hatte er zwei gebrochene Rippen und blutete. Aber seinen leicht spöttischen Gesichtsausdruck, die Verachtung für die Zeitläufte, hatte er nicht verloren. Wir schämten uns, daß wir in die Falle gegangen waren und zudem auch andere gefährdet hatten, aber im Grunde hatten wir unser Bestes getan, und jetzt, da wir wieder zusammen waren, waren wir ruhiger.

Nach einer Atempause in einem städtischen Gefängnis, das zwar voller Wanzen war, wo es aber gutes Brot gab, fanden wir uns am letzten Tag im Mai allein in diesem Keller wieder. Wir saßen auf Kohlehaufen, und in unserer Einsamkeit begriffen wir, daß die Sache für uns sehr schlecht stand. Endlich kam ein Wächter herunter und sagte uns, daß er eben einen unserer Freunde auf der Straße getötet hätte und daß auch wir am nächsten Tag erschossen würden. Die Nachricht von der Hinrichtung verbreitete sich in der Stadt, und man betrauerte uns wie Tote. Eine meiner Schwestern betete für mich, gemeinsam mit einem künftigen Papst.

Wir hingegen fühlten uns auf eigenartige Weise erleichtert, weil wir nicht mehr in die Hände der Deutschen fallen würden. Allein der Gedanke, eine methodische Folter ertragen zu müssen, schreckte uns mehr als alles andere. Vom Sterben hingegen kann man sich in jenem Alter nur schwer eine klare Vorstellung machen. Mit verbundenen Augen auf einem Kasernenhof zu stehen, auf einer Wiese am Stadtrand an einen Stuhl gefesselt zu werden oder von einem Genickschuß getroffen in eine Grube zu sinken, das waren Dinge, die unser Vorstellungsvermögen überstiegen. Die ganze Nacht redeten wir über anderes und über nichts.

Erst am frühen Morgen lenkten uns die Schritte vereinzelter Passanten ab, die vom Gitterrost des Bürgersteigs über unseren Köpfen widerhallten. Das war unser Viertel, nur hundert Meter weiter stand unser Gymnasium, und vielleicht gehörten die unsichtbaren Fußgänger zu unserem Bekanntenkreis; schwermütige Gedanken für uns. Ich dachte vor allem an meine Mutter. Sie hatte es nicht verdient, daß nach dem Tod meines Vaters und meines Bruders nun auch ich sie im Stich ließ; ein wirkliches Blutbad.

Ein anderes Bandenmitglied tauchte wortlos auf, führte uns über Treppen und verlassene Flure, lud uns in ein beschlagnahmtes Taxi, und ungläubig stellten wir fest, daß er uns im städtischen Gefängnis ablieferte. Man hörte die Kanonen, die Amerikaner standen vor der Stadt, wir hatten überlebt, nicht durch ein Wunder, sondern aus kalendarischen Gründen.

Drei Tage später waren wir frei und in der Sonne. Auf verschlammten Panzern fuhren noch immer deutsche Soldaten in Tarnanzügen flußaufwärts über die Uferstraße. Zu Hause wurden wir nicht erwartet, man glaubte, daß wir gerettet, aber nach Norden verschleppt worden wären. Für meinen Freund wäre es ein Glück gewesen, er wäre dann nicht, eigenwillig wie er war, wenige Tage vor dem Waffenstillstand auf einem anderen Kriegsschauplatz durch Granatsplitter ums Leben gekommen, und der absurde Helm auf seinem Grab wäre ihm erspart geblieben. Man wird sagen, er sei ein Held gewesen, aber in meiner Erinnerung wird er immer der leichtsinnige junge Mann bleiben.

DER FRIEDEN

Die letzte Bombe, das Wunderwerk des Jahrhunderts, war explodiert, und mit dieser infernalischen Feuersbrunst endete der Krieg. Es kam die Zeit, Feste zu feiern, die Entbehrungen auszugleichen, die gewohnten Beschäftigungen wieder aufzunehmen und zum normalen Leben zurückzukehren. Und alle taten es mit der Leidenschaft, die mit dem Beginn des Friedens einhergeht, wenn man den Krieg als bloßes Zwischenspiel möglichst rasch beenden und die letzten Gespenster vertreiben will. Ich hingegen hatte keine Gewohnheiten mehr und wußte nicht, zu welchen Tätigkeiten ich zurückkehren sollte.

Rückkehr zur Normalität hätte für mich bedeutet, Prüfungen in Geschichte und Philosophie abzulegen, Fingerübungen am Klavier zu machen, zu Versammlungen zu gehen, auf denen Hymnen gesungen und Fahnen geschwenkt wurden, in den wieder grün werdenden Parks zu flirten und die gute Laune wiederzufinden. Mit anderen Worten, anzuerkennen, daß die Welt sich weiterdrehte, daß nichts Irreparables geschehen war und daß das Leben sein Recht forderte.

Aber für mich hatte die Atmosphäre der Nachkriegszeit nichts von dieser Leichtigkeit, ich konnte mich ihr nicht unbefangen überlassen und hatte auch nicht die Absicht. Ich fühlte mich ausgeschlossen, isoliert, war argwöhnisch; selbst das alltägliche Leben hatte seine vertrauten Züge verloren. Prüfungen, Klavierübungen und Versammlungen glichen allzusehr einer bequemen Ablenkung. Das Mißverhältnis war zu groß, zu viele waren gestorben, die Rückkehr zur Normalität kam einer Desertion gleich.

Ich war nicht einmal sicher, ob der Krieg wirklich zu Ende war. Es schien sich eher um eine bedrohliche Waffenruhe zu handeln, als wenn die Leute nichts dazugelernt hätten und das Vermächtnis aus Leichen und Trümmern sie nicht zur Vernunft gebracht, sondern sie vielmehr auf eine künftige Katastrophe vorbereitet hätte. Seltsamerweise ähnelten die Sieger den Besiegten, sie tauschten die Rollen, die einen wurden erneut zu Feinden der anderen, so als seien die Versprechungen, die den Krieg begleitet hatten, Lügen gestraft worden und als würde er erst jetzt sein wahres Gesicht zeigen, die kalte Gesetzmäßigkeit der Geschichte als Wiederkehr des Immergleichen.

Ich war erstaunt, wie schnell die Rückkehr zur Normalität mit den alten Gewohnheiten auch die alten Unsitten wieder aufleben ließ. Uniformen sah man damals kaum, alle trugen die gleiche Kleidung, aber das ungleiche Schicksal, die Zweiteilung in Befehlende und Befehlsempfänger, die während des Krieges für alle offensichtlich war, setzte sich im zivilen Zusammenleben unverändert fort. Wer jetzt in den neuen Institutionen an die Macht kam, hatte die gleichen Eigenschaften wie seine Vorgänger, wer jetzt wieder zum Befehlsempfänger wurde, erlebte im Alltag die alten Demütigungen, die Rollenverteilung zwischen Starken und Schwachen stellte sich unverändert wieder her.

Welch unvermutete, seltsame Veränderung, als aus den Gesichtern der Leute jener in der Zeit des gemeinsamen Leidens selbstverständliche Ausdruck verschwand, der stillschweigend um Hilfe bat und Hilfe anbot. Jetzt brachte das Bedürfnis, sich schadlos zu halten, alle gegeneinander auf. Alle waren auf der Jagd nach ihrem Anteil an der Beute auf dem großen Jahrmarkt, den ich bald als kapitalistisch zu bezeichnen lernte und auf dem sowohl Armut und Überfluß wie jede andere Ware fortwährend gehandelt wurden. Und die neue Leidenschaft für die Politik, die hitzigen Reden, die Faszination durch die neuen politischen Führer und die neuen Symbole konnten sich gegen den Lärm des Krieges nicht behaupten, der noch in der Luft hing.

Vor diesem Hintergrund schienen selbst die einfachsten Dinge des Privatlebens farblos und zerbrechlich, flüchtig und ohne Zusammenhang. Die Wohnung, die Bücher, die Dinge, die häuslichen Gespräche, die Geschichten und Erinnerungen waren Teil einer unwiderruflich zerfallenen Ordnung, die keine Reparatur mehr zuließ, sondern – wer weiß wie – von Grund auf neu erfunden werden wollte.

Als mir diese Gedanken durch den Kopf gingen, war ich zwanzig und wußte nicht, was ich tun sollte. Ich dachte viel zu oft an jenes Dorf im

Süden, und als ich zufällig meinen ehemaligen Zellengenossen traf, der inzwischen wieder als Maurer arbeitete, verspürte ich ein unbestimmtes Schuldgefühl. Die in den Zeiten von Feuer und Schwert ausgerufene Mobilisierung durfte nicht in der Banalität enden, und deshalb suchte ich nach einer Aufgabe, die ich übernehmen könnte. Ich entschloß mich, Partei zu ergreifen, nicht für großartige Projekte, die ohnehin niemand mehr in Angriff nahm, sondern um in Gesellschaft von weniger privilegierten Menschen zu sein und ihre berechtigten Forderungen zu unterstützen.

DIE EHE

Unser Einfall zu heiraten war genauso unschuldig wie unsere Abenteuer im Untergrund. Meine zukünftige Frau war jene Freundin, die damals über die Dächer geflüchtet war. Sie war zwanzig wie ich, wir hatten gemeinsam die gleichen Gefahren durchgestanden, wir wohnten nur wenige Schritte voneinander entfernt in dem Viertel, wo wir zur Schule gingen und unseren Privatkrieg führten, und ich war es leid, aus Rücksicht auf die Moral der Zeit Vorwände zu erfinden, wenn ich mit ihr zusammensein wollte. Sie hatte orientalische Gesichtszüge und wunderschöne Augen, in die man sich sofort verliebte. Die Heirat war die Bedingung für ein ungezwungeneres Zusammenleben, wie nach einem Brautraub.

Geld hatten wir beide nicht, wir gingen einer einfachen Arbeit nach, hatten keinen finanziellen Rückhalt, keine Pläne und machten keine Berechnungen, denn in jener Nachkriegsatmosphäre war ohnehin alles vorläufig, und nach den erlittenen Entbehrungen schien alles viel leichter. Ich war weniger an die Armut gewöhnt als sie, die es im Leben immer schwer gehabt hatte und mit drahtumwickelten Schuhen durch die besetzte Stadt lief. In Kantinen oder kleinen Imbißstuben aßen wir Gebratenes übelster Sorte oder fuhren mit der Straßenbahn aus der Stadt und verschlangen auf den Wiesen am Stadtrand ganze Tüten voll Kirschen. Die Hinterlassenschaft des Krieges, aber auch die Jugend haben ihr Gutes: Die Habsucht ist ihnen fremd (uns jedenfalls war sie unbekannt), die in Zeiten des Überflusses entsteht.

Eine einfache Espressomaschine und ein Bügeleisen waren die luxuriösesten Hochzeitsgeschenke, unverzichtbare Gegenstände in unserem ersten Zimmer, das wir bei einer verarmten Witwe bezogen, die mit uns am gleichen Tisch aß. Es war ein großer Fortschritt, als wir nach einiger Zeit eine abgeschlossene Wohnung fanden, die wir den Behörden abgetrotzt hatten. Sie lag in einem Außenbezirk über einem lauten Fischmarkt, bestand aus einem winzigen Zimmer, und die hinaufführende Treppe war für ein Klavier zu schmal.

Auch bei den Umzügen dieser frühen Jahre schleppte ich das alte Instrument mit, obwohl es viel Platz wegnahm und eigentlich überflüssig war, denn unser Arbeitstag war anstrengend, wir hatten andere Dinge im Kopf, und andere Probleme beschäftigten uns. Mir machte der Verlust meiner Privilegien nichts aus, vielleicht weil ich wußte, daß man sie selbst dann nicht wirklich verliert, wenn man sie freiwillig aufgibt. Und als sich unerwartet das erste Kind ankündigte, gingen wir wie selbstverständlich dazu über, mit kleinen Tricks das für uns verbindliche Prinzip des Arbeiterlohns zu umgehen. Als mildernden Umstand nahmen wir in Anspruch, daß auch ein anderes Prinzip der revolutionären Moral, der Mutterschutz, in der

Arbeit der politischen Organisationen nicht beachtet wurde.

Dieses improvisierte Leben, das die schlimmen Erinnerungen auslöschen wollte und sich mit den kleinsten Vergnügungen zufriedengab, und die Vorstellung, die wir uns von der Zukunft der Welt machten, steckten voller Optimismus. Individuelle und kollektive Bedürfnisse waren in unserer Konzeption oder Illusion eines allen gemeinsamen Schicksals nicht voneinander zu trennen. Und wenn es kein Optimismus war, eine Gabe, die wir beide von Natur aus nicht hatten, so war es doch freimütige Naivität, als wenn die Kriegsereignisse das Erwachsenwerden nicht beschleunigt und uns umsichtiger gemacht, sondern uns in jugendlicher Unbekümmertheit belassen hätten.

Wir hatten uns nie in der Elternrolle gesehen, und als wir dann Eltern wurden, gelang es uns nicht, uns endlich als Erwachsene zu fühlen und entsprechend zu verhalten. Wir hatten keinerlei Erfahrung, und es fehlte uns auch die Unbefangenheit, die gute von schlechten Eltern unterscheidet. Mit Bedauern dachte ich an die Freiräume meiner Kindheit, denn eine Wohnung im sechsten Stock eignet sich nicht für Kinder, und ich hatte ständig Angst, daß sie aus dem Fenster fallen könnten. Und meine Frau stand vor eben den Problemen, die den Frauen mehr als den Männern das Leben und die Arbeit erschweren.

Ein schwieriges und heikles Thema. Ich weiß nicht, welche Erinnerung sie an die ersten Jahre, die folgende Zeit und das äußerst unglückliche Ende hätte, wenn sie noch lebte. Ich kann nur sagen, daß ich auf unsere Unerfahrenheit mit einem nachgiebigen und ängstlichen Verhalten reagierte, das vielleicht aus starken Gefühlen hervorgeht, aber schnell zu einer unangemessenen Einmischung wird und anderen nicht hilft, sich zu entwickeln.

DER BERUF

Es war nur eine Zeitung, aber für uns war sie weit mehr, der Eintritt in die Redaktion war keine Berufswahl, sondern eine freiwillige Verpflichtung. Es hieß damals, das Gefängnis habe manchem die Universität ersetzt und aus dieser Schule seien Kämpfer aus ganz besonderem Holz hervorgegangen. Obwohl eine Zeitung sehr viel bequemer war als ein Gefängnis, konnte sie die gleiche Funktion übernehmen; für uns war sie Ausbildungszentrum, Schule und Gemeinschaft, eine Grenzsituation, wo der Ausnahmezustand per definitionem zum Alltag gehörte.

Mir war der Satz im Gedächtnis geblieben, daß Revolutionen gelingen, wenn sie von nicht unmittelbar Betroffenen, wie Dichtern und Malern, vorbereitet werden, vorausgesetzt, sie sind sich über ihre Rolle im klaren. Und da die Arbeiter von sich aus zwar die meisten Dinge besser können als irgendwer sonst, ihnen aber nur schwerlich ein so immaterielles Produkt wie eine Zeitung gelingt, war ich davon überzeugt, daß diese Aufgabe geschulten jungen Menschen zufiel, vorausgesetzt, sie betrachteten diesen Auftrag als besondere Verpflichtung: als Ehrensache.

Ich war ein treuer Jünger, wie wir alle, und bereitwillig übernahmen wir jede beliebige Aufgabe, wenn sie nur von allgemeinem Nutzen war. Es tat der Begeisterung keinen Abbruch, daß man während dieser Lehrzeit feststellen mußte, wie Beflissenheit höher geschätzt wurde als Initiative, Gleichförmigkeit mehr galt als Einfallsreichtum. Die großen Ereignisse werden von den kleinen Dingen vorbereitet, so lautete ein Leitspruch jener Zeit, der sogar auf einem Schild an der Wand hing, und dieser Grundsatz war uns Bestätigung genug. Ein alter und verdienter Kämpfer ermahnte uns, das Licht auszuschalten, wenn es nicht gebraucht wurde, denn schließlich bezahlten die Arbeiter den Strom.

In dieser Arena waren die Jüngsten wie ich wohlgelitten, wenn sie nur die Regeln und Gebote befolgten, die von erprobten Männern irgendwo an legendären Orten festgelegt worden waren; die Männer kamen von weither und verdienten unsere Ehrfurcht, die sie durchaus für angemessen hielten und keineswegs verschmähten. Bereitwillig zollten wir diesen strengen Meistern, den unangefochtenen Bewahrern eines kollektiven Glaubens, unseren Tribut. Wer die uns gesetzten Grenzen im Denken und Handeln überschritt, geriet unweigerlich auf die schiefe Bahn der mondänen Versuchungen. Denn viele von uns kamen aus einer sozialen Klasse, die von Natur aus diesen Versuchungen ausgesetzt war.

Diese Regel galt nicht nur für wichtige, sondern auch für unbedeutende Dinge. Ging man ins Kino statt zu den Versammlungen in der Vorstadt, legte man Geld für einen Familienurlaub auf die Seite, so geschah das nur mit schlechtem Gewissen. Weil der Arbeiterlohn für uns der geltende Maßstab war, der einen universellen Standpunkt garantieren sollte, war es unredlich, ihn auf Schleichwegen aufzubessern. Da wir unter Verzicht auf persönlichen Vorteil und Ehrgeiz arbeiteten, fast durch ein Gelübde gebunden, so war es verwerflich, anderwärtig Entschädigungen zu suchen, etwa gar in oberflächlichen Liebesaffären.

In diesem Leben in Klausur gab es Raum für den Geist der Freundschaft und für das Gefühl, die Zukunft zu bestimmen, und gerade daher rührten Begeisterung und Vergnügen. Es wurde immer sehr spät, manchmal fünf Uhr morgens, aber die vollbrachte Arbeit entschädigte für die Mühe. In einer Gasse nicht weit von der Druckerei, in der man damals noch Milch gegen das giftige Blei trank, gab es eine Backstube, wo heiße Pfannkuchen über ein Förderband mit Zucker rollten. Ein kleiner Lastwagen des Kollektivs, der nur einfache Bänke hatte wie die öffentlichen Verkehrsmittel in den Tagen nach dem Krieg, machte im Morgengrauen die Runde durch die Stadt und brachte uns nach Hause. Auf diesem engen Raum entstanden verbotene Lieben, aber auch reguläre Ehen, die unsere Gemeinschaft verjüngten.

Die Vorstellung, der feindlichen Propaganda allein die Stirn zu bieten, erfüllte uns mit Stolz und war Anreiz, unsere Fähigkeiten zu verbessern. Jahrelang habe ich beim Schreiben die gleichen ausgefeilten Techniken angewandt wie auf der Tastatur des Klaviers. Meine Artikel, endlose Berichte über die Reden anderer und zaghafte eigene Versuche, die in der Zeitung gedruckt wurden, schnitt ich aus und feilte an ihnen, bis ich entdeckte, daß von drei Zeilen eine überflüssig ist, was mich zu dem Schluß führte, daß zwei Seiten ausreichen (und das behaupte ich heute noch), um jedes beliebige Thema erschöpfend zu behandeln.

Heute glaube ich, daß ich ein Handwerk und eine Lebensweise praktiziert habe, die völlig von dem abweichen, was ich mir einmal vorgenommen hatte. Die zwei Seiten, die im Verlauf der Jahre jeden Tag zusammenkamen wie die kolumbianischen Goldfischchen des Romans, türmen sich zu einem Stapel von zwölftausend Kalenderblättern, einem langen Lebensabschnitt. Aber damals zweifelte ich nicht daran, daß es sich lohnte, denn die Menschen guten Willens (die einfachen Leute, wie wir sie damals lieber nannten) würden die Welt verändern.

DAS SZENARIUM

Wie man von einer Sternwarte aus den Himmel beobachtet, so blickte ich von meinem Beobachtungsposten auf das große Szenarium, und während ich an meiner Schreibmaschine saß, glaubte ich, den Lauf der Gestirne zu beeinflussen. Es war eine Zeit, in der die Leidenschaften den kritischen Geist verdunkelten und in der es vorkam, daß Passivität mit Handeln verwechselt wurde. Aber diese Leidenschaften waren aufrichtig und fügten sich vortrefflich in den alles umfassenden historischen Zusammenhang ein, in dem zwei entgegengesetzte Kulturen aufeinanderprallten und der unlösbare Konflikt zwischen den Klassen ausgetragen wurde.

Es war einfach und richtig, Partei zu ergreifen. Eines Tages erreichte ich nach beschwerlicher Fahrt eine ländliche Gegend, wo wenige Stunden zuvor zwei Erntearbeiter mit einer in jenen Tagen häufigen Brutalität von der Polizei niedergeschossen worden waren. In einem Zimmer, das einer weiß gekalkten Grotte glich, waren die Leichen aufgebahrt, und klagende Frauen, in schwarze Schultertücher gehüllt wie meine sardischen Tanten und Cousinen, hielten die Totenwache. Für mich gab es nicht den geringsten Unterschied zwischen diesem Anblick und der noch lebendigen Erinnerung an den Krieg, nicht den geringsten Unterschied zwischen der Mentalität der hochgestellten Schuldigen, die für dieses Verbrechen auf dem Dorf verantwortlich waren, und der Philosophie der Privilegien, die die Welt in Brand gesetzt hatte. Das war nicht einfach eine Episode, sondern ein Symbol. Es gab zwei Welten, die beiden Toten gehörten zur besseren und waren meine Brüder.

Es war richtig, Partei zu ergreifen, auch wenn es nicht so einfach war. Eine andere Reise führte mich in den legendären Osten, wo die einfachen Leute, Soldaten und Arbeiter, nach Tausenden von Jahren zum ersten Mal erfolgreich eine Revolution gemacht hatten. Mehr noch als andere schlimme Anzeichen, die ich der Härte der Geschichte zur Last legte, bestürzte mich, daß sich die Prostituierten dort an Feuern auf der Straße wärmten wie in unseren Vorstädten. Mich wunderte nicht, daß die Leute noch immer in Armut lebten, sondern daß sie die Brüderlichkeit vergessen hatten. Trotzdem blieb ich dabei, daß es zwei Welten gab, aber ich mußte erkennen, daß die Demarkationslinie in keinem Atlas steht und sogar mitten durch das Herz der Menschen verläuft. Partei zu ergreifen wurde schwieriger, aber um so dringlicher.

Es war richtig, Partei zu ergreifen, auch dort, wo die Trennungslinie immer unscheinbarer und schließlich unkenntlich wird, wo in den kalten Institutionen die Macht sich selbst feiert, wo in den prunkvollen Sälen und Palästen die Schritte auf Irrwegen im Kreis führen, wo sich die Bilder wie im Spiel des Spiegelkabinetts überlagern, die

Worte eingehüllt sind in Watte und die Gedanken die Wahrheit verkennen. An diesen Orten, wohin mich meine tägliche Arbeit führte, konnte man sich leicht verirren, hier gingen die beiden Welten ineinander über und wurden zu einer einzigen, schlechteren Welt; und Partei zu ergreifen wurde zu einem Schwur, den man täglich aufs neue wiederholen mußte.

Viel zu spät erst habe ich begriffen, daß unsere Vergrößerungsgläser schwach und unsere Instrumente überholt waren, daß man das große Szenarium zwar beobachten kann, aber es deshalb noch lange nicht verstanden, geschweige denn beeinflußt hat – so wie ein hitziger Wahlkampf nicht mit der Erstürmung der Bastille zu vergleichen ist. Und noch viel langsamer wurde mir bewußt, daß sich mit zunehmendem Alter Schritt für Schritt auch meine unmittelbare Umgebung auf völlig unerwartete Weise verändert hatte.

Im Verlauf eines Vierteljahrhunderts hatte sich der Lärm der Straßen verändert, die Sprache der Menschen, der Wert der Dinge, die Einstellung der Jugendlichen und der Gang der Frauen; nicht allein auf den großen Kontinenten, sondern auch im Zimmer nebenan, zwischen den eigenen vier Wänden hatte sich alles gewandelt. Nur das eine, was alles andere beherrscht, war sich gleich geblieben: die Feindseligkeit als Weltgeist.

DAS EXIL

Als ich zum erstenmal an ein Mikrophon trat, um eine Gedenkrede für den Genossen aus der gemeinsamen Gefangenschaft zu halten, zitterten mir die Knie, und ich verließ das Rednerpult, ohne ein Wort zu sagen. Mit zunehmendem Alter und dem Aufstieg in der Hierarchie habe ich schließlich die Kunst der Rede erlernt, die man auf Podien, bei geschlossenen Veranstaltungen und vor großem Publikum einsetzt. Aber ich hatte noch nicht begriffen, daß diese Kunst unerwünscht ist, wenn sie Konventionen verletzt und die Tabuschwelle zum unerlaubten Denken überschreitet.

Ich trug keine glänzende Rüstung, und in meinem Gepäck hatte ich keinen Marschallstab. Ich wollte nur, daß die aus allen Himmelsrichtungen eintreffenden Warnmeldungen nicht überhört würden, ich wollte die verkümmerte Sensibilität neu beleben und den Kurs wiederfinden, der uns in längst vergangenen Jahren zusammengebracht hatte. In den Fibeln der Revolution hatte ich gelesen, daß sich im Ernstfall jeder nach Kräften einsetzen und die Verantwortung für seine ganze Abteilung übernehmen soll wie jedes einzelne Mitglied eines Bienenstocks. Es war diese Einstellung, diese

Gewissenhaftigkeit, die mich zur Opposition brachte.

Ich rechnete nicht mit der Feindseligkeit der Versammlungen, der Zensur der Apparate, den vorgeschriebenen Sanktionen und der Zurechtweisung durch die Vorgesetzten. Ich konnte mir nicht vorstellen, daß die strengen Meister von einst derart auf ihre eigene Person bedacht und so daran gewöhnt waren, das Wahre und Richtige zu verkörpern, daß sie die Fähigkeit zu lehren und lernen verloren hatten. Mir war nie der Verdacht gekommen, daß in unseren Gärten die gleichen Brennesseln wuchsen, die wir bei den anderen ausreißen wollten. Darüber war ich damals völlig verblüfft und bin es noch heute.

Vor allem hätte ich nie damit gerechnet – wie sollte ich auch –, daß ich nach hundert Jahren unter so lächerlichen Umständen und aus so unpassendem Anlaß auf die glückliche Insel zurückkehren würde. Nicht aus Sehnsucht kehrte ich zurück, sondern um einem Befehl, einer Disziplin zu gehorchen und um Buße zu tun. Ich kehrte nicht zurück, um den unter dem Mandelbaum vergrabenen Schatz zu heben, sondern um mich einer Bewährungsprobe zu unterziehen. Nicht aus freien Stücken kehrte ich zurück, sondern weil das Räderwerk, das so lange mein Leben bestimmt hatte, krachend geborsten war.

Mit diesen seltsamen Gedanken und fast wie im Traum verfolgte ich vom Deck der Fähre, wie die Insel langsam aus dem Dunst auftauchte und ihre Farben deutlicher hervortraten, so wie ich als Junge beobachtet hatte, wie sie sich auflöste und verschwand. Wie in einem rückwärts laufenden Film entstieg sie der Erinnerung und nahm Form an. Abermals war sie wirklich und blieb doch zugleich phantastisch, die Vergangenheit war stärker und holte die Gegenwart ein.

Als ich auf die Mole hinunterstieg und zu meinem alten Viertel hinübersah, fragte ich mich verwirrt, ob mein unvermutetes Exil für irgend jemanden oder für irgend etwas in dieser für mich so vertrauten Welt von Nutzen sein könnte. Ich zweifelte daran, aber auf jeden Fall würde ich gewissenhaft und engagiert meine Arbeit machen, solange man es von mir verlangte. Und wenn ich doch einmal einer Schwäche nachgeben und auf die Suche nach der verlorenen Zeit gehen sollte, dann nur im Verborgenen.

Bald sollte ich in einem Stadtteil am Meer wohnen, in einer Umgebung, die genauso aussah wie in meiner Erinnerung und in der sich Vergangenheit und Gegenwart deckten. Auf dem Weg zur Arbeit würde ich morgens zwischen den Pfählen der bunten Badekabinen, dort wo der Geruch nach Algen besonders stark ist, die Nachrichten überfliegen und in der Mittagshitze zurückkommen, wenn der Wind sich aufmacht und die Farbe des Meeres verändert. Bei meinen Fahrten zu den üblichen Versammlungen auf dem Land, wo seit Jahrhunderten niemand weiß, ob Hirten oder Bauern recht haben, würde ich einen Umweg zu den Hügeln machen, wo wir kurz vor Kriegsbeginn Zuflucht gesucht hatten. In einem Kino, das noch die alte Bestuhlung hatte, sollte ich bei einer Gedenkfeier für einen legendären Helden nicht ohne Verlegenheit im Publikum meinen alten Gymnasiallehrer wiedererkennen. Auf dem Heimweg von den hitzigen Jugendversammlungen, die die Revolution machen wollten, würde ich nachts zu den schimmernden Lampen in meiner Straße hinaufsehen. Und auf dem Rückflug zu einem kurzen Aufenthalt bei der Familie würde ich bedauernd feststellen, nicht in einem Wasserflugzeug zu sitzen.

DER VORPOSTEN

Das alte Räderwerk ist auseinandergebrochen, aber noch ist es nicht Zeit für Resignation oder Preisgabe. Noch herrscht keine Ordnung unter der Sonne, und überall auf der Welt, von den ärmsten Dörfern bis zu den reichsten Metropolen, ist die Glut noch nicht erloschen. Schwer zu entscheiden, ob sie einen neuen Brand entfachen wird oder ob es nur letzte rauchende Überreste sind, jedenfalls kann der Ausnahmezustand noch nicht aufgehoben werden. Im Unterschied zu früher muß man jetzt freilich auf eigenen Füßen stehen.

Nach dreißig Jahren bin ich wieder bei einer armen Zeitung, wieder hat sie Ähnlichkeit mit einer Gemeinschaft oder mit einer Schule, aber diesmal mit selbstbestimmten Regeln und ohne strenge Meister. Meister wider Willen bin diesmal ich. Ich weiß nicht, ob es eine zweite Jugend oder eine senile Liebe ist, oft fällt beides zusammen. Auf jeden Fall ist es eine abenteuerliche Wiederaufführung und wie jede Wiederholung vielversprechend und ernüchternd zugleich. Es macht Spaß, das alte Theater abzustauben, die Kulissen neu einzurichten, in den alten Kostümen wieder auf die Bühne zu steigen, die Scheinwerfer auszuprobieren und auf die leeren Sitze im Parkett zu schauen, in Erwartung des Publikums, das vielleicht kommt, vielleicht auch nicht.

Noch immer bin ich in meinem Innersten ein treuer Jünger, und mit gewohntem Eifer mache ich mich erneut daran, tausend Kalenderblätter anzuhäufen. Wieder ist es das gleiche improvisierte Leben, mit den gleichen handwerklichen Methoden, dem gleichen Geruch nach Tinte und Blei, den gleichen ausufernden Diskussionen und den gleichen Fehlern, auch wenn nicht mehr bis zum Morgengrauen gearbeitet wird und weniger unschuldige Zerstreuungen an die Stelle der nächtlichen Fahrten im Kleinlaster treten. Jede Form von Ehrfurcht ist verpönt, Freiheit oder Freizügigkeit überschreiten aufs angenehmste die Grenze zur Anarchie.

Für einen wie mich sind es neidvolle Tage. Diese Generation der Söhne und Töchter geht unbeschwerter durchs Leben, die Frauen sind sehr schön, alle tragen seltsame Kleider und schlafen seelenruhig in den Klassenräumen, bei deren Betreten wir noch vor Angst schlotterten. Sie sprechen eine primitive Sprache, reden dafür aber ununterbrochen, was wir nie gewagt hätten, und sind davon überzeugt, auch das zu wissen, wovon sie nicht die geringste Ahnung haben. Arbeiter ziehen auf ihren Demonstrationen mit Blechtrommeln durch die Straßen. Viele Herrschaften, die in prächtigen Häusern wohnen und auf renommierten Lehrstühlen sitzen, sehen sich ihrem Spott ausgeliefert. Vielleicht sind das alles nur vergängliche Siege, aber die Generation der Mütter und Väter mit ihrem Krieg, ihren Träumen und ihren Sorgen hat solche Erfahrungen nie gemacht.

In dieser Gemeinschaft, dieser kleinen Festung der jüngsten Revolution, tauchte gleich am dritten Tag eine chinesische Wandzeitung gegen mich, den unfreiwilligen Meister, auf. Endlich rächte also jemand die Einschüchterungen unserer Jugendzeit. Ich wußte wohl, daß dieser aufrührerische Geist sich bald beruhigt haben würde, daß ihm die gleichen Enttäuschungen bevorstanden wie uns und daß wir uns in einer sonnigen Katakombe befanden und Weihrauchschwaden nicht mit Pulverdampf verwechselt werden sollten. Aber diese Einsichten behielt ich für mich: Es war gut, daß hundert Blumen blühten.

Eine Beschwernis des Alters besteht darin, daß man die Irrtümer vorhersieht, die von Generation zu Generation mit einer fast natürlich scheinenden Zwangsläufigkeit immer wieder begangen werden. So habe ich mitansehen müssen, wie auch diese Neuinszenierung an alten Hindernissen scheiterte, Phantasie in Denkschablonen erstarrte, neue Einsichten in alte Glaubenssätze abglitten, Freundschaft sich in Konkurrenz verkehrte und die Mittel sich unweigerlich von den Zielen ablösten.

Und doch hat dieser Vorposten in der Tatarenwüste, der dank meiner Treue zur Maxime meines unbekannten Vorfahren entstand, fast wie durch ein Wunder vielen Fährnissen widerstanden, hat sich nie ganz geschlagen gegeben und sich nicht schmählich von Dornengestrüpp überwuchern lassen wie manch andere stolze Festung, die man für uneinnehmbar hielt. Für einige war er eine winzige grüne Insel, eine liebenswerte Insel. Und manchmal denke ich, daß auch die vielen Geister, die meine Erinnerung bevölkern, diese Insel besucht und ihr Sympathie bewahrt haben.

DER SCHMERZ

Man kann nichts machen, du kannst ihr nicht mehr helfen, so wurde mir gesagt. Eine etwas feige Dummheit, schnell gedacht oder gesagt, wenn man die Wahrheit mit Gewalt in den Sternennebeln sucht, mit Winkelmaß und Zirkel ausmessen will und dabei die einfachen Dinge vor Augen nicht sieht. Einst war ich von den einfachen Dingen ausgegangen, sie waren die Grundlage unseres gemeinsamen Lebensplanes, aber schon seit geraumer Zeit hatte ich sie aus den Augen verloren, und jetzt fand ich sie völlig verwirrt wieder.

Eine Krankheit kann in jedes Haus, in die innerste und überschaubare Welt eines jeden eindringen, wie ein Sprengsatz alles um sich herum zerstören und niederbrennen oder wie ein Gift sich in jede Faser des Körpers einschleichen kann. Aber sie ist nicht wie der Tod, der etwas Endgültiges hat. Eine lange Agonie von beispielsweise neun Jahren, von denen einige durch Angst und Verfall, andere durch Behinderung und Hinfälligkeit geprägt sein können, ist eine Form des Lebens. Also kann man sehr viel tun und hilfreich sein, ganz wie im normalen Leben oder auch in der Politik, wenn sie ernsthafte Beziehungen zwischen den Menschen wollte.

Die Krankheit macht mehr noch als alles andere deutlich, daß die Welt gespalten ist. Krankheit bedeutet Isolierung und Einsamkeit. Menschen mit Herz empfinden Mitleid, manch einer fühlt sich unbehaglich, anderen wiederum ist sie lästig oder gar ein Ärgernis; trotz dieser unterschiedlichen Verhaltensweisen wird doch von allen gleichermaßen Distanz signalisiert. Damit beruhigen sie sich selbst und teilen dem anderen mit, daß die Krankheit eine außergewöhnliche, ausgegrenzte Lebenssituation ist wie das Alter und keineswegs ein gemeinsames und von allen geteiltes Schicksal. Und gerade weil man ihr die Anerkennung als Lebensform verweigert, wird die Krankheit auf entsetzliche Weise leidvoll und unheilbar.

Geld, Verbindungen, Tatkraft, Wissen und Einfluß erlangen nun eine außerordentliche Bedeutung. Erst jetzt wird klar, daß die Menschen sich im Verlauf ihres Lebens bemühen, diese Waffen in allen nur erdenklichen Formen anzuhäufen, um sie dann gegen die tödliche Einkreisung einsetzen zu können. Wenn man ein seltenes Medikament finden oder die Aufmerksamkeit einer Person gewinnen, wenn man ein Zimmer einrichten oder den Tages- und Nachtablauf auf sinnvolle Weise einteilen muß, dann ist es ein himmelweiter Unterschied, ob man über diese Waffen verfügt oder nicht.

In der Nachkriegszeit gab es ein Serum gegen die Beschwerden der Mutterschaft, und obwohl es sich um ein banales Tierserum handelte, war es schwer aufzutreiben. Man brauchte allerdings nur

Ausdauer. Wenn es hingegen um das Überleben geht und man von den raffinierten Mechanismen der Moderne abhängig ist, gerät man leicht in ein taubes und blindes Labyrinth, wo die eigenen Kräfte allein nicht mehr ausreichen und die Hoffnung lächerlich wird.

Man kann eine derartige Krankheit weder anerkennen noch verleugnen, man kann weder die Wahrheit sagen noch lügen. Es gibt nur eine einzige Art, sie zu bekämpfen: Man darf ihr kein Ziel setzen, denn das hieße Heilung oder Tod, vielmehr muß man die Ausnahme zurückweisen und auf der Normalität bestehen, man muß mit der Krankheit in der Gegenwart leben und die Zukunft nicht als zielgerichteten Ablauf, sondern als offene Abfolge von Tagen betrachten. Das größte Hindernis dabei sind die Schmerzen, die sich im ganzen Körper bemerkbar machen und beständig tausend neue Ausdrucksformen annehmen; aber dieser Schmerz ist auch der einzige, gegen den die Ergebnisse der Wissenschaft einen Fortschritt erzielt haben.

Mehr als alles andere zählen die alltäglichen Begebenheiten, die dem Leben Gestalt und Kontinuität verleihen. Es sind unzählige Dinge, die mit dem Ablauf der Jahre, Monate und Tage einander in immer schnellerer Folge ablösen. Es heißt, Ordnung schaffen, Pläne machen, für Zerstreuung sorgen, den Kontakt halten zu Bekannten, Orten und Jahreszeiten, und dann begleiten und stützen, wenn die Kräfte nachlassen und der Körper in sich zusammensinkt. Es gibt im Leben nichts Wichtigeres, als sich hinabzubeugen, damit ein anderer die Hände um deinen Hals legen und sich wieder aufrichten kann.

Noch unsinniger als die Maschinen, die den Tod angeblich erleichtern, sind die Maschinen, die ihn hinauszögern, obwohl beide derselben Geisteshaltung entspringen. Ein Schriftsteller um die Jahrhundertwende erzählt, daß die Hunde auf seinem Gutshof, den nahen Tod seines Vaters ahnend, aufhörten zu bellen und durch ihr Schweigen sein Sterben ankündigten. Auch ich würde gerne sagen können, wenigstens am Ende dieses Schweigen vernommen zu haben.

Zwischen den Wechselfällen des kollektiven und öffentlichen Lebens und den Wechselfällen des individuellen und privaten Lebens gibt es Übereinstimmungen. Zurückschauend sehe ich ihre Verstrickung und frage mich, welche der beiden Seiten in meinem Fall wohl die weniger schmeichelhafte ist.

EPILOG

Ein Buch dient dem, der es schreibt, selten dem, der es liest, deshalb sind die Bibliotheken auch voll von unnützen Büchern. In meinem Fall sind diese Aufzeichnungen nur ein Anlaß, um in der Phantasie noch einmal Rechnungen zu ordnen, die in Wirklichkeit nicht aufgehen.

Wie man ihrem Tenor leicht entnehmen kann, habe ich diese Aufzeichnungen in einem respektablen Alter verfaßt. Nur wenige widerstehen in diesem Alter der Versuchung, Rückschau zu halten aus dem Wunsch heraus, den Dingen eine Beständigkeit zu verleihen, die sie an sich nicht haben. Gibt man dieser Schwäche nach, beeindruckt vor allem die unglaubliche Kürze der Zeitspanne. Sie gleicht einem Zelluloidstreifen mit wenigen Einzelbildern, so kurz, daß Anfang und Ende zusammenfallen.

Tatsächlich ist von den Dingen, die mir am Herzen lagen, fast nichts geblieben. Verglichen mit dem Gemisch aus Greuel und Nichtigkeiten um mich herum, das die Krönung des Jahrhunderts darstellt und selbst unser Innerstes beherrscht, war jener Krieg, dem ich eine so große Bedeutung zuschrieb, nur eine vorläufige Übung. Namen, Orte und Daten, die für mich ebenfalls von großer

Bedeutung waren, habe ich lieber nicht genannt, um zu vermeiden, daß sie mir zwischen den Händen zu Staub zerfallen.

In Wahrheit dreht sich das Rad der Geschichte auch sehr gut rückwärts oder um sich selbst wie ein Kreisel. Soll ich daraus schließen, daß die hartnäckigen Leidenschaften, die edlen Ideale, die großherzigen Absichten, die Mühen und Fehler nichts als eine Narrenmär sind? Gewiß nicht; sie sind zu allen Zeiten das Salz der Erde, und so war es auch in diesen Jahrzehnten. Aber es genügt ein Regenschauer, der die Erde auswäscht, und das Salz löst sich in Wasser auf.

»Ich habe eine ziemlich gleichmäßig braune Hautfarbe, eine hohe Stirn von angemessener Breite und hellblaue Augen unter buschigen, aber formvoll geschwungenen Brauen. Nur mit Mühe kann ich die Form meiner Nase beschreiben, weil sie – wie mir scheint – weder platt noch adlerartig, weder groß noch spitz ist. Mit Bestimmtheit läßt sich nur sagen, daß sie eher groß als klein und etwas zu sehr nach unten gebogen ist. Was meine Gesichtsform betrifft, so ist sie entweder quadratisch oder aber oval, aber es fällt mir äußerst schwer zu sagen, welche von beiden … Was nun meinen Charakter anbelangt, so bin ich melancholisch, und zwar bis zu dem Grade, daß man mich in den letzten drei oder vier Jahren nur drei oder vier Mal hat lachen sehen. Ich bin klug, und es bereitet mir keinerlei Schwierigkeiten, das auch zu sagen, aber diese Klugheit ist von der Melancholie ruiniert; obwohl ich meine Muttersprache recht gut beherrsche, über ein gutes Gedächtnis verfüge und meine Ansichten ziemlich abgeklärt sind, so bin ich doch immer derart in dunklen Gedanken versunken, daß ich nur ungenügend zum Ausdruck bringe, was ich zu sagen wünsche.«

Vielleicht hätte auch ich die eigensinnige Beschreibungstechnik dieses Edelmannes aus dem 17. Jahrhundert verwenden sollen: Detailversessenheit, wenn das Ganze nicht zu fassen ist. Das nehme ich mir für das nächste Mal vor. Dann werde ich eine gefälligere Version derselben Geschichten oder statt von der Vergangenheit vielleicht von der Zukunft erzählen, von den Begebenheiten der nächsten fünfzig Jahre, die ich sicherlich noch erleben werde, wie mir Tag für Tag jene zuversichtliche Dame versichert, der ich diese Seiten widme.

Anmerkungen

1 Das Wappen der Familie Pintor
mit dem Motto *Servabo*

2 Cagliari in Sardinien. Stich (16. Jahrhundert)

3 Cagliari in Sardinien. Foto, etwa 1930

4 Gedenkstein für Jaime Pintor an der Stelle, an der er fiel; bei Castelnuovo al Volturno (Abruzzen, Molise).

5 Überführung der Leiche Jaime Pintors zum
Friedhof von Castelnuovo al Volturno

6 Castelnuovo al Volturno. 1945

7 Ankunft des Trauerzugs im Ort

8 Partisanen-Mauerinschrift in Florenz. 1944

Die italienische Ausgabe des Buches ist ohne Anmerkungen, die folgenden Erläuterungen für die deutschen Leser wurden vom Verlag hinzugefügt; dies gilt auch für die Mehrzahl der – aus dem Besitz des Autors stammenden – vorangegangenen Fotos.

Seite 9, *mein Bruder:*
Giaime Pintor, geboren 1919 in Rom, gestorben am 1. Dezember 1943 in Castelnuovo al Volturno (Molise). Schriftsteller, Spezialist für deutsche Literatur und Berater des Verlags Giulio Einaudi. Zu Lebzeiten veröffentlichte er Übersetzungen der Gedichte Rilkes und deutscher Theaterstücke der Romantik, postum erschienen bei Einaudi zwei Sammelbände seiner Schriften: *Il sangue d'Europa* (Turin 1950) und *Doppio diario* (Turin 1978).

Seite 9, *seine Botschaft aus dem Reich der Toten:*
Giaime Pintor schloß sich 1943 der Resistenza an und kam bei einer der ersten militärischen Aktionen ums Leben. Kurz vor seinem Tod schrieb er an seinen Bruder Luigi einen Brief, der schon während der Besetzung Roms vervielfältigt und verbreitet wurde und als wichtiges Manifest der Resistenza gilt. Siehe auch die Abbildungen 4, 5, 6, 8.

Er wurde auch später immer wieder gedruckt und wird hier vollständig (nach *Il sangue d'Europa*) zitiert:

Neapel, den 28. November 1943

Mein Lieber,
in den nächsten Tagen breche ich zu einem Unternehmen mit ungewissem Ausgang auf. Es geht darum, eine Gruppe von Geflüchteten in der Umgebung von Rom zu erreichen und sie mit Waffen und Instruktionen zu versorgen. Ich schicke Dir diesen Brief, um Dir, für den Fall, daß ich nicht zurückkommen sollte, Lebewohl zu sagen

und um Dir zu schildern, in welchem Gemütszustand ich zu dieser Mission aufbreche. Die einzelnen Ereignisse, die ihr vorausgingen, sind von einem gewissen biographischen Interesse, aber zu kompliziert, um sie an dieser Stelle darzulegen. Ein Freund, der sich in der Nähe aufhält, wird Euch erzählen können, wie ich nach meiner Flucht aus Rom das von Badoglio kontrollierte Gebiet erreichte, daß ich beim Oberkommando in Brindisi zehn schreckliche Tage verbrachte und wie es mir – nachdem ich mich davon überzeugt hatte, daß sich bei den Militärs überhaupt nichts geändert hat – durch eine erneute Flucht gelang, Neapel zu erreichen. Hier war es leicht, unter den politischen Freunden und den aus der Emigration Zurückgekehrten ein kongeniales Ambiente zu finden, ich habe bei der Gründung des Italienischen Propagandazentrums mitgearbeitet, das vielleicht eine nützliche Funktion erfüllen könnte, und diese Arbeit erlaubte mir kurzfristig, meinen gewohnten Tätigkeiten nachzugehen und ein relativ friedliches Leben zu führen. Aber während der ganzen Zeit hat sich an der Notwendigkeit nichts geändert, stärker an Begebenheiten teilzuhaben, die keine Rechtfertigung der bequemen Methoden der psychologischen Kriegsführung mehr erlauben. Gerade die aktuelle Verhärtung der militärischen Lage und die Aussicht, daß sich die Not, in der die Mehrheit der Italiener lebt, noch vergrößern könnte, haben eine Entscheidung immer unausweichlicher werden lassen. Nachdem andere ambitionierte, aber nicht unvernünftige Projekte aus Gründen, die wir nicht beeinflussen konnten, gescheitert waren, habe ich mich deshalb einverstanden erklärt, mit einer Gruppe von Freunden eine Aktion zu organisieren. Sie ist die logische Fortführung des ursprünglichen Planes, und, was noch wichtiger ist, sie zieht die Konsequenzen aus einer Erfahrung, die unsere ganze Generation betrifft.

In Wahrheit nämlich hat der Krieg, diese letzte Phase des auftrumpfenden Faschismus, auf uns viel tiefer gewirkt, als es auf den ersten Blick scheinen mag. Der Krieg hat die Menschen faktisch aus ihren Gewohnheiten gerissen, er hat ihnen handgreiflich und unübersehbar die Gefahren bewußt gemacht, die jede Möglichkeit individuellen Lebens bedrohen. Der Krieg hat die Menschen davon überzeugt, daß Neutralität und Rückzug keine Rettungsmöglichkeit bieten. Für die Schwächeren hat diese

Gewalt den Zusammenbruch ihres ganzen äußeren Lebenszusammenhangs herbeigeführt. Sie sind die »verlorene Generation«, die zusehen mußte, wie ihre eigenen »Lebensentwürfe« in Stücke gingen. Für die Stärkeren hat diese Gewalt eine Menge von Rohmaterial bereitgestellt, zu neuen Gegebenheiten geführt, aus denen eine neue Erfahrung erwachsen wird. Ohne den Krieg wäre ich ein Intellektueller mit vorrangig literarischen Interessen geblieben. Ich hätte zwar über die Probleme des politischen Systems diskutiert, ein tieferes Interesse jedoch hätte ich allein für die Geschichte des einzelnen Menschen entwickelt, und die Begegnung mit einer jungen Frau oder eine plötzliche Eingebung hätten mir mehr bedeutet als jede Partei oder Doktrin. Freunde, die eher bereit waren, die unmittelbare Bedeutung der Politik zu begreifen, haben sich schon seit Jahren dem Kampf gegen den Faschismus verschrieben. Obwohl ich mich ihnen zunehmend stärker verbunden fühlte, weiß ich nicht, ob ich mich dazu hätte entschließen können, diesen Weg mit Überzeugung einzuschlagen. Meine Neigung zu Individualismus, Indifferenz und Kritikfreudigkeit war zu ausgeprägt, um all das einem kollektiven Glauben zu opfern. Erst der Krieg hat diese Situation geklärt, indem er gewisse Hindernisse beseitigte, das Terrain von vielen bequemen Rückzugsmöglichkeiten befreite und mich auf brutale Weise mit einer unversöhnlichen Welt konfrontierte. Ich glaube, daß dieser Übergang für die meisten meiner Altersgenossen ganz natürlich war. Der Hang zur Politik ist ein Phänomen, das ich bei vielen der Besten feststellte, ähnlich wie in Deutschland, als die letzte Generation der Romantiker sich erschöpft hatte. Phänomene dieser Art treten immer auf, wenn die Politik die reine Routine verläßt und alle vorhandenen Kräfte benötigt, um die Gesellschaft vor einer schweren Krankheit zu retten und einer extremen Gefahr zu begegnen. Eine moderne Gesellschaft basiert auf einer Vielfalt von Spezialisierungen, aber sie kann nur überleben, wenn sie sich die Möglichkeit offen hält, diese in einem gegebenen Moment aufzuheben, um alles einer revolutionären Notwendigkeit zu opfern. Das ist der moralische, nicht der technische Sinn der Mobilisierung. Eine Jugend, die nicht mehr »verfügbar« ist, die sich ganz in den verschiedenen Spezialisierungen verliert, ist kompromittiert. Zu einem bestimmten

Zeitpunkt müssen die Intellektuellen fähig sein, ihre Erfahrung im Interesse des Allgemeinwohls zur Verfügung zu stellen, jeder muß seinen Platz in der Kampforganisation kennen.

Das gilt vor allem für Italien. Ich spreche nicht deshalb von Italien, weil es mir mehr am Herzen läge als Deutschland oder Amerika, sondern weil die Italiener der Teil der Menschheit sind, zu dem ich Kontakt habe und auf den ich leichter Einfluß nehmen kann. Die Italiener sind ein schwaches Volk, durch die jüngste Geschichte zutiefst korrumpiert und immer kurz davor, feige oder schwach zu werden. Aber sie bringen weiterhin revolutionäre Minderheiten hervor, Philosophen und Arbeiter ersten Ranges, die zur europäischen Avantgarde gehören. Italien wurde aus den Ideen weniger Intellektueller geboren. Das Risorgimento, eine einzigartige Phase in unserer politischen Geschichte, war der Versuch von Minderheiten, ein Volk von Afrikanern und Levantinern für Europa zurückzugewinnen. In keiner zivilisierten Nation ist heute die Kluft zwischen vitalen Möglichkeiten und aktueller Lage derart groß. Es ist unsere Aufgabe, diese Kluft zu überbrücken und den Ausnahmezustand auszurufen.

Wir Musiker und Schriftsteller müssen auf unsere Privilegien verzichten und zur Befreiung aller beitragen. Im Gegensatz zur Behauptung eines berühmten Satzes sind Revolutionen dann erfolgreich, gerade wenn sie von Dichtern und Malern vorbereitet werden, sofern sich Dichter und Maler über ihre Rolle im klaren sind. Vor zwanzig Jahren konnte die herrschende Verwirrung dazu führen, daß das Unternehmen von Fiume [der Versuch des Schriftstellers Gabriele d'Annunzio, 1919/20 als Freischärler die »Internationalisierung« des Hafens von Fiume zu verhindern] ernstgenommen wurde. Heute stehen den Italienern alle Möglichkeiten offen, die das Risorgimento hatte. Keine Geste ist überflüssig, soweit sie nicht Selbstzweck ist. Was mich betrifft, so kann ich Dir versichern, daß die Idee, in dieser Jahreszeit zu den Partisanen zu gehen, mich nicht gerade begeistert. Mehr denn je weiß ich jetzt die Vorteile eines zivilen Lebens zu schätzen. Ich bin mir bewußt, daß ich ein sehr guter Übersetzer und ein guter Diplomat bin, aber aller Wahrscheinlichkeit nach nur ein mittelmäßiger Partisan. Trotzdem ist das die einzige Möglichkeit, und ich nehme sie wahr.

Falls ich nicht zurückkommen sollte, verliert nicht die Zuversicht. Eine der wenigen Überzeugungen, zu denen ich aufgrund meiner Erfahrung gelangt bin, sagt mir, daß kein Mensch unersetzbar ist und daß es keinen Verlust gibt, der nicht auszugleichen wäre. Ein Mensch findet bei den anderen Lebenden immer genügend Grund zur Freude, und Du, der Du jung und vital bist, hast die Pflicht zuzulassen, daß die Toten die Toten begraben. Auch deshalb habe ich an Dich geschrieben und von Dingen gesprochen, die Dir jetzt vielleicht kaum einleuchten werden, im Grunde aber mehr zählen als alle anderen. Es wäre für mich schwierig gewesen, eine ähnliche Aufforderung an Mama oder die Onkel zu richten, und der Gedanke an ihre Angst ist die größte Sorge, die ich in diesem Augenblick habe. Ich kann mich nicht bei dem schwierigen Thema der Gefühle aufhalten, aber ich möchte, daß sie erfahren, wie dankbar ich ihnen bin. Ihre Zuneigung und ihre Nähe waren einer der wichtigsten positiven Faktoren in meinem Leben. Ein anderes Glücksmotiv war die Freundschaft, die Möglichkeit, aufrichtige Beziehungen zu anderen Menschen aufzubauen und so die Einsamkeit zu besiegen. Diese heiteren Gedanken gelten außer Euch auch meinen nächsten Freunden, Kamenetzky, Balbo und einigen Frauen, die ich geliebt habe. Sie sind mir Beweis genug, daß meine Jugendjahre nicht umsonst waren.

Giaime

Seite 12, *geheimnisvolles lateinisches Wort:*
Siehe das abgebildete Wappen, Abbildung 1

Seite 17, *Sturmangriff der Sechshundert:*
Anspielung auf den Film »The charge of the light brigade« (1936) mit Eroll Flynn

Seite 18, *zu Land und zu Meer wie Strandtiere:*
Zitat aus Giaime Pintor, *Doppio Diario*, undatierte Tagebucheintragung, S. 8

Seite 18, *die Stadt:*
Cagliari; siehe die Abbildungen 2 und 3

Seite 31, *die Besetzung:*
Nach dem Sturz Mussolinis am 25. Juli 1943 übernahm Badoglio die Regierung, hielt aber zunächst trotz wachsender Opposition am Bündnis mit Deutschland fest. Erst am 8. September 1943 wurde der Waffenstillstand mit den USA und England geschlossen. Auf diesen Schritt reagierten die Nazis mit der Besetzung der noch nicht befreiten Teile Italiens und führten den Krieg – gegen die Alliierten und den ehemaligen Verbündeten Italien – fort.

Das gesamte Kapitel bezieht sich auf die neunmonatige Besetzung Roms durch die deutsche Armee vom 8. September 1943 bis zum 4. Juni 1944.

Seite 33, *jemand hat es so genannt:*
Vgl. Giaime Pintor, *Doppio Diario*, S. 120

Seite 37, *einem abgelegenen Dorf:*
Das bereits genannte Castelnuovo al Volturno; siehe auch Abbildung 6

Seite 43, *Bande von Freischärlern:*
Mussolini rief am 23. September 1943 die ›Republik von Salò‹ aus. Während die Nazis in dem von ihnen kontrollierten Gebiet die Wehrpflicht aufrechterhielten (oder Zwangsrekrutierungen vornahmen), durfte die ›Republik‹ nur Milizen aufstellen, die der deutschen Armee oder der Gestapo in die Hände arbeiteten.

Seite 63, *nur eine Zeitung:*
L'Unità, die Tageszeitung der Kommunistischen Partei Italiens. Seit 1946 arbeitete Pintor dort als Redakteur, in den sechziger Jahren war er Mitherausgeber.

Seite 66, *die kolumbianischen Goldfischchen des Romans:*
Anspielung auf die goldenen Fischchen des Oberst Aureliano Buendia aus »Hundert Jahre Einsamkeit« von Gabriel Garcia Marquez.

Seite 69, *eine ländliche Gegend:*
Ende der vierziger Jahre gab es in Süditalien unter den armen Bauern und Landarbeitern eine Bewegung für die Besetzung brachliegender Ländereien. Bei diesen Ausein-

andersetzungen richtete die Polizei in Celano (Abruzzen) ein Blutbad an, auf das sich der Autor bezieht.

Seite 70, *in den legendären Osten:*
Als Vertreter der Kommunistischen Partei unternahm der Autor in den fünziger und sechziger Jahren mehrere Reisen in einige Sowjetrepubliken sowie nach Ungarn, Polen und in die Tschechoslowakei.

Seite 76, *nicht aus freien Stücken:*
Luigi Pintor wurde wegen seiner auf dem 11. Parteitag 1966 geäußerten, von der Parteilinie abweichenden politischen Einschätzungen aus allen zentralen Organen der Kommunistischen Partei entfernt und auf einen bedeutungslosen Posten nach Sardinien abgeschoben.

Seite 81, *einer armen Zeitung:*
Il Manifesto, eine unabhängige kommunistische Tageszeitung, die 1971 von Luigi Pintor, Rossana Rossanda, Aldo Natoli und anderen gegründet wurde, nachdem sie 1969 wegen unterschiedlicher Einschätzung der internationalen Lage und der politisch-sozialen Perspektiven aus der Kommunistischen Partei ausgeschlossen worden waren.

Seite 90, *ein Schriftsteller um die Jahrhundertwende:*
Rainer Maria Rilke

Seite 95, *dieses Edelmannes aus dem 17. Jahrhundert:*
La Rochefoucauld

LUIGI PINTOR, geboren 1925, war von 1946 bis 1965 Redakteur der kommunistischen Tageszeitung ›Unità‹, wurde aus der Partei ausgeschlossen und gründete die unabhängige linke Tageszeitung ›Manifesto‹, für die er seit 1971 schreibt. Seit 1987 ist er unabhängiger Abgeordneter der italienischen Deputiertenkammer.

Weiteres aus Italien

ROMANO BILENCHI

Anna und Bruno Erzählungen

Die Erzählungen aus der Toskana, die zu zwei größeren Gruppen zusammengestellt das Leben von Dorf- und Kleinstadtbewohnern einerseits und andererseits Städte und Tageszeiten beschreiben, handeln von Menschen, die der Autor genau kennt.

Aus dem Italienischen von Karin Fleischanderl.
Quartbuch. Schwarzes Leinen. 190 Seiten

Italienische Liebesgeschichten

Dieser Band sammelt (veröffentlichte wie auch unbekannte) Erzählungen der bedeutendsten italienischen Autoren der Gegenwart zu einem Thema, von dem der *Latin Lover* nach landläufiger Meinung viel versteht.

Herausgegeben von Klaus Wagenbach.
SALTO. Rotes Leinen. 96 Seiten

So war es! War es so?
Neue unmögliche Interviews

Heutige italienische Schriftsteller interviewen Personen der Geschichte und verraten dabei ebenso etwas von ihren Obsessionen wie – um so freimütiger, da tot – die Befragten.
Maria Bellonci, Umberto Eco, Giorgio Manganelli, Luigi Malerba u. a. interviewen Lucrezia Borgia, Jack the Ripper, Denis Diderot, Marco Polo …

Aus dem Italienischen von Marianne Schneider,
Burkhart Kroeber u. a.
SALTO. Rotes Leinen. 96 Seiten mit vielen Abbildungen

PIER PAOLO PASOLINI

Große Vögel, kleine Vögel

Eine Neuentdeckung und zum ersten Mal auf Deutsch: wie Pasolini allen Dogmatikern den Vogel gezeigt hat, den kleinen und den großen. Oder: Über die Anarchie der Kunst und den Mangel an Heiterkeit in der Politik.

Mit dem Drehbuch zum Film, einem Interview mit Totò, einem Aufsatz von P. P. Pasolini und einem Dossier von Peter Kammerer. Aus dem Italienischen von Karin Fleischanderl. Klappenbroschur. Großformat. 221 Seiten mit vielen Fotos. (August 1992)

LUIGI MALERBA

Das griechische Feuer

Dieser historische Kriminalroman beschreibt eine schöne, nymphomane Kaiserin, ihre Bürokraten, Kaiser, Liebhaber und eine verderbenbringende Geheimwaffe, die über das Wasser laufen kann.

Aus dem Italienischen von Iris Schnebel-Kaschnitz. Schwarzes Leinen. 220 Seiten

FRANCO SACCHETTI

Die wandernden Leuchtkäfer
Renaissancenovellen aus der Toskana

»Das Wunderliche im Gewöhnlichen und die traditionelle Kunst der Italiener sich zu ›arrangieren‹, prägen die Novellen Sacchettis. Sie sind das reichhaltigste, aufregendste Fresko des Alltagslebens in der mittelalterlichen Toskana.« Luigi Malerba

Mit einem Vorwort von Luigi Malerba. Aus dem Italienischen von Hanns Floerke. Wagenbachs Taschenbuch 197. 320 Seiten

Servabo
erschien im April 1992 als viertes Quart*buch*

Der Einband verwendet ein Foto von Irving Penn
(Museum Ludwig, Köln)
Gesetzt aus der Korpus Perpetua von Nagel Fototype, Berlin
Gedruckt und gebunden durch Clausen & Bosse, Leck
Leinen von Hubert Herzog, Beimerstetten
Ausstattung Rainer Groothuis

ISBN 3 8031 3105 7